LOCAL HEROES

SIE HABEN IHR ZIEL ERREICHT! HAHAHA
KLEINER SCHERZ...
ROUTEN-NEUBERECHNUNG!

AF551709

KÜSTENSTRICHE

Die Deutsche Bibliothekverzeichnet diese Publikation in der Deutschen Nationalbibliografie;
detaillierte bibliografische Daten sind im Internet über http://dnb.de abrufbar.

Schmidt, Kim:
Die Local Heroes Band 18, Küstenstriche, Dollerup: Flying Kiwi Verl. 2017
ISBN 978-3940989-34-5

Die Local Heroes erscheinen u.a. in allen Zeitungsausgaben des sh:z und im Bauernblatt Schleswig-Holstein.

Flying Kiwi Media GmbH
Schulstr. 5
24989 Dollerup
Tel.: (0 46 36) 97 68 299, Fax: (0 46 36) 97 68 298
Email: info@flying-kiwi.de

Erste Auflage 2017

Druck: Druckhaus Leupelt, Handewitt
Innenteil gedruckt auf Recyclingpapier

Besuchen Sie uns auch im Internet unter
www.flying-kiwi.de
www.flying-kiwi-shop.de
www.kim-cartoon.com
www.comiczeichenkurs.de
www.guellerup.de
www.landleben.sh
www.facebook.com/kimschmidtcartoons

UND WAS STEHT IN DEINEM GLÜCKSKEKS?
"IHRE KINDERSCHAR WIRD RIESIG SEIN."
BESAMUNGS-STATION NORD
1987

DU BIST GANZ SCHÖN FETT!
DANKE! UND ICH WERDE AUCH IM NEUEN JAHR AUF MEIN GEWICHT ACHTEN!
KIM

NIX EISKUNSTLAUF.
DAS IST FLACHLAND-YOGA!

GANZ SCHÖN STÜRMISCH DRAUSSEN!
ACH WAT! STURM IST ERST, WENN DAS SCHAF KEINE LOCKEN MEHR HAT!
Huiiiiiii!
Kim

ENDLICH WEISS ICH,
WAS EIN SHITSTORM IST!
25
KINN

NA, WENIGSTENS SIND DIE MAULWÜRFE IM WINTER NICHT AKTIV!
FAKE NEWS!
Kim

JOLADI - JUHUUU!

IM FERNSEHEN LEBEN DIE IM DRECK UND FRESSEN WÜRMER!
WER GUCKT SOWAS BLOSS?
RTL

UM ELF UHR ELF ERREICHTE DER NÄRRISCHE FROHSINN AUCH HIER IM NORDEN SEINEN VORLÄUFIGEN HÖHEPUNKT.

HALLO!?!
BLEIBEN SIE DOCH!
SIE HABEN HIER
BETRETUNGSRECHT!

DABEI FÄLLT MIR EIN: ICH WOLLTE JA NOCH DEINE BEURTEILUNG SCHREIBEN!
KL. A

SORRY, KOLLEGE! DIE MÄDELS ARBEITEN EXKLUSIV FÜR MICH!
Kim

DIE SUCHEN JA SCHON SEIT STUNDEN... WIE VIELE EIER HAST DU HIER DENN VERSTECKT?
GAR KEINS!

VADERTACH !

DIE WAREN 14 TAGE
AUF TENERIFFA!

ICH ERNÄHRE MICH SEIT KURZEM KOMPLETT VEGAN!
NACH-ÄFFER!

SABRINA NACH VORN, SIEGLINDE, SENTA, STEFFI UND SABINE INS MITTELFELD, SIGRID, SELMA UND SANDRA HINTEN, SISSI UND SUSI NACH AUSSEN UND SULEIKA INS TOR!

DIE STEIGEN JETZT VOLL EIN
IN DEN MILCH-TERMINHANDEL!

SIE GEBEN ERST WIEDER MILCH AB EINEM PREIS VON 41 CENT!
PFER.DI
PFER.DI
PFER.DI

WENN IHR MEHR ÜBER MICH UND MEINE MILCH WISSEN WOLLT: IHR FINDET MICH JETZT AUCH AUF FACEBOOK, SNAPCHAT UND INSTAGRAM!
CHR
KIM

WISST IHR SCHON DAS NEUESTE? WIR MACHEN JETZT MIT BEI "TIERWOHL"!
ABER... HIER SIEHTS DOCH AUS WIE IMMER?!?
NEE, HIER: NEUES LOGO!
Initiative Tierwohl
WIM

SCHATZ, KOMMST DU MAL?
UNSERE NACHBARN WOLLEN SICH
KURZ VORSTELLEN!

SO! DIESER MAULWURF MACHT IN MEINEM GARTEN KEINEN HAUFEN MEHR!

MUSS HERRLICH SEIN,
SO GANZ EINSAM HIER
AUF DER HALLIG ZU LEBEN!

ENDLICH IST DIE FASTENZEIT VORBEI!

DIE ROTOREN WURDEN
AN DIE VORHANDENE LEITUNGS-
KAPAZITÄT ANGEPASST!

FLÜCHTLINGE?
AUS SYRIEN?
NEE,
USA!

DIE WÜHLMÄUSE
IN EUREM GEMÜSEGARTEN
MACHEN MIR DIE GANZEN
GÄNGE KAPUTT!

ENDLICH WIEDER
ERDBEER ZEIT!
KIM

UNGLAUBLICH! SPERLINGS VON NEBENAN HABEN SCHON WIEDER EINEN NEUEN WAGEN!

ALSO NEE! DEIN ZEUGNIS
IST 'NE ECHTE KATASTROPHE!
DEUTSCH 5, MATHE 5, HSU 5...
... ABER MUHEN EINS!

'TSCHULJUNG, GEHTS HIER ZUM WASSER?
JO.
Hamburger Hallig 4km

NOEL! KIMBERLEY!
STEIGT WIEDER EIN!
DAT IS KEEN POKEMON!

BEIM FISCH-IMBISS AN DER STRANDPROMENADE KÖNNEN SIE UNS ABSETZEN!

ALSO, WAS WOLLT IHR? WOLLT IHR EIS, ODER WOLLT IHR CRÈPES?
CRÈPES!
EIS

DIESE NEUEN STRANDKÖRBE
WERDEN RICHTIG GUT ANGENOMMEN!

UND?
ICH GLAUBE,
DER REGEN
HAT AUFGEHÖRT!
KIM

WIR TRAINIEREN FÜR
WACKEN !

ALLE SECHS STUNDEN VERSCHWINDET HIER DAS WASSER!
SCHÖN WÄRS!

MIT BADEHOSE AN
WIRSTE ABER NICHT NAHTLOS
BRAUN, KOLLEGE!

AUF DEM G20-GIPFEL GEHTS AUCH UM DIE ERDERWÄRMUNG!
DIE SOLLEN MAL ZUSEHEN! NÄCHSTE WOCHE IST UNSER URLAUB VORBEI!

VOLUMEN - SHAMPOO!

GEIL! ICH HAB DIE BIER-PIPELINE ENTDECKT!
WOA

WIR SIND DIE MARIEN-KÄFER!
WIR SIND DIE BÄREN-KLASSE!
WIR WAREN FRÜHER DER SAUHAUFEN!
KIM

MOIN CHEF! EINMAL GRUPPENTICKET ZUR NORLA!
RENDSBURG

ICH FREU' MICH JEDES JAHR AUF DIE PILZ-SAISON!
Kim

OFFENBAR FÜHLT SICH AUCH DER BIBER IN UNSEREN BREITEN WIEDER HEIMISCH!

OCH NÖÖÖ!
SCHON WIEDER
FERTIGGERICHT?

IST DAS BIER
AUCH WIRKLICH
REIN?
HB

TOLL, WA?
DAS DING HATTE
ICH ZUM NIKOLAUS
IM PUSCH!

ICH BETRACHTE DIESE ARBEIT ALS MEIN OPUS MAGNUM!

DIE 31… DIE 12…
DIE 20… DIE 14…
POTT!
MÄNNER
FRAUEN
WC
KIM

FREUNDE?
KIM

MOIN. ICH WOLLT NUR KURZ BESCHEID SAGEN: WIR SCHENKEN UNS DIES JAHR NIX.
KIM